À Camille,

muse gourmande,
et amie précieuse

macarons

José Maréchal

Photographies de Akiko Ida

Stylisme de Sonia Lucano

Sommaire

équipez-vous !

Le four et les plaques

Qu'importe le modèle, même s'il est vrai que des fours
à chaleur tournante permettent des cuissons plus régulières.
Ce qui est important, c'est la maîtrise de ses outils de travail,
n'hésitez donc pas à adapter de quelques degrés
la température de votre four ou à faire varier
de quelques petites minutes les temps de cuisson.

La balance ménagère ou électronique

La précision est de mise pour la réalisation des macarons.
Aussi, pas d'à-peu-près dans les proportions.
Quelques grammes en plus ou en moins peuvent faire
considérablement varier la consistance
de la meringue et l'aspect de vos macarons.

Pour information : 1 blanc d'œuf pèse approximativement
30 g.

Le mixeur et le tamis

Tous les deux sont utilisés pour affiner le mélange
du sucre glace et de la poudre d'amandes et le débarrasser
des conglomérats de poudre susceptibles de former
d'inesthétiques cloques sur les coques de vos macarons.

Le thermomètre

Pour mesurer la température du sirop de sucre, utilisez
de préférence un thermomètre de confiseur gradué jusqu'à
200 °C. Les sondes électroniques sont idéales car elles sont
vraiment très précises. Mais elles sont plus coûteuses.

Le batteur ou le fouet électrique

Un robot ménager présente l'avantage de laisser les mains
libres pour faire autre chose en attendant que les blancs
d'œufs montent en neige (peser du blanc d'œuf ou choisir
la couleur d'un colorant, par exemple). Si vous avez
un batteur électrique manuel, battez vos blancs en neige
en un geste circulaire et régulier, ils monteront mieux
et plus rapidement.

La maryse ou spatule en silicone

C'est l'outil indispensable pour le macaronage, c'est-à-dire
l'incorporation de la meringue à la pâte d'amandes sans que
cela ne casse trop les blancs d'œufs. Les spatules en
plastique ou silicone sont plus souples que celles en bois
ou en métal et permettent ainsi un geste plus précis.

La poche à douille avec une douille lisse de 8 ou 10 mm

Pour les macarons de 3 cm de diamètre, on peut utiliser
les deux types de douille en jouant sur la quantité de pâte.
Une poche à douille permet d'obtenir de jolis macarons
bien ronds et réguliers. On peut aussi en utiliser de plus
petits diamètres pour les garnir ensuite avec différentes
crèmes et ganaches.

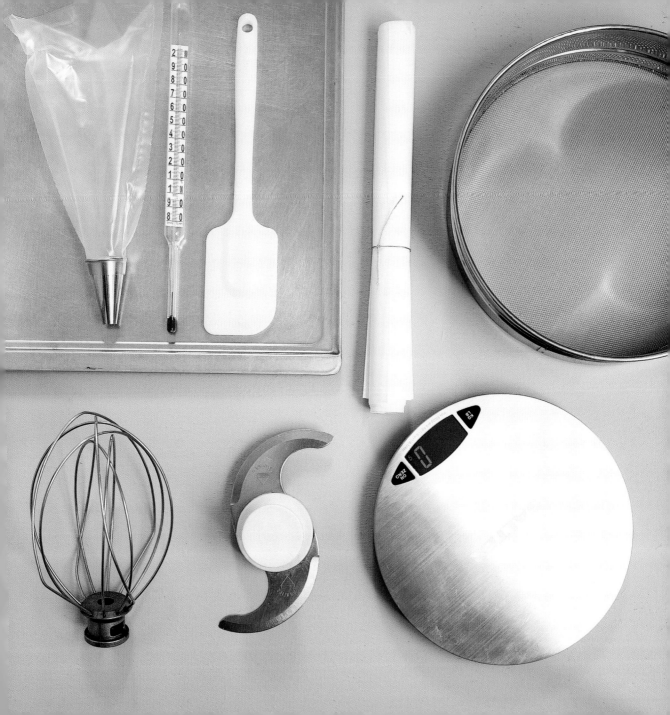

il vous faut…

La poudre d'amandes

Pas de recommandation particulière concernant son origine, le premier paquet trouvé au rayon pâtisserie de votre supermarché fera parfaitement l'affaire.

Les sucres

Le sucre glace est utilisé avec la poudre d'amandes pour la préparation d'un mélange appelé le « tant pour tant » car il est composé de la même quantité de sucre glace que de poudre d'amandes. Celui que vous trouvez dans le commerce est parfait.

Le sucre en poudre est utilisé pour la réalisation du sirop de sucre cuit qui servira à la préparation de la meringue. Ce type de meringue réalisé avec du sucre cuit est appelé meringue italienne.

Les blancs d'œufs

Plus les blancs d'œufs ont été séparés à l'avance plus ils prendront rapidement en une belle neige bien ferme. En revanche, pas évident de prévoir quatre jours à l'avance que l'on va réaliser des macarons. Alors préparez des blancs d'œufs la veille et laissez-les passer la nuit à température ambiante dans un récipient hermétiquement fermé.

Les colorants alimentaires

Il en existe en poudre, en pâte ou en liquide. J'utilise des pâtes pour colorer mes mélanges avant la cuisson, elles sont idéales et leur pouvoir colorant est étonnant. Soyez donc prudents quant au dosage ! Plus ou moins de colorant permet de nuancer les couleurs de vos macarons, mais attention ! Parfois une goutte de trop peut faire varier la consistance de votre appareil et c'est le drame ! J'utilise aussi des poudres dorées, argentées ou irisées pour créer des couleurs plus inattendues et plus chic, mais après la cuisson uniquement. Il y a quelques années, il s'agissait encore de produits un peu rares et très spécifiques, or ils sont devenus indispensables pour la réalisation des macarons. Depuis peu, un fabricant français de colorants alimentaires (entre autres) a ouvert un site de vente par correspondance et présente une gamme de couleurs fabuleuse. Fini donc les privilèges parisiens mais aussi le trio de macarons jaune-vert-rouge façon Vahiné ! Vous trouverez leurs coordonnées détaillées et l'adresse de leur précieux site à la fin du livre (voir page 64).

Les autres petites fantaisies…

Bonbons, perles en sucre, dragées, fleurs cristallisées, sucres aromatisés, feuilles d'or et d'argent vous permettront de donner à vos macarons un petit air de fête.

les bons gestes et les astuces

1
Le « tant pour tant »

Mixer longuement la poudre d'amandes et le sucre glace afin d'obtenir une poudre fine et homogène. La passer au tamis et la mettre de côté.

2
Le sirop

Dans une casserole, porter l'eau et le sucre en poudre à ébullition. L'utilisation d'un thermomètre est indispensable, car la température du sirop ne doit pas dépasser 110 °C.

PRÉPARATION :
40 MINUTES + 1 HEURE DE SÉCHAGE

CUISSON : 13 MINUTES POUR LES MACARONS DE 3 CM DE DIAMÈTRE
15 MINUTES POUR LES MACARONS DE 8 CM DE DIAMÈTRE

POUR ENVIRON 50 MACARONS DE 3 CM DE DIAMÈTRE
OU 25 MACARONS DE 8 CM DE DIAMÈTRE

200 g de sucre glace
200 g de poudre d'amandes
2 x 80 g de blancs d'œufs
200 g de sucre en poudre
8 cl d'eau
du colorant alimentaire de votre choix

8

3

Les blancs d'œufs

Monter la moitié des blancs en neige pas trop ferme.

4 La meringue

Baisser la vitesse du batteur, puis verser le sucre cuit sur les blancs en un fin filet, en laissant tourner le batteur jusqu'à ce que la meringue ait quasiment refroidi. C'est long ! D'où l'intérêt d'avoir un robot ménager.

5 La pâte d'amandes

Pendant ce temps, mélanger l'autre moitié de blancs d'œufs (non battus) au « tant pour tant » afin d'obtenir une épaisse pâte d'amandes.

7
Le macaronage

Incorporer une petite quantité de meringue à la pâte d'amandes à l'aide d'une spatule souple et dans un geste régulier du fond vers le haut et des bords vers le centre du récipient. Incorporer en une fois le reste de meringue toujours aussi délicatement. Cette étape est primordiale : c'est le macaronage. Le mélange ainsi obtenu doit être lisse, homogène et légèrement coulant.

6
C'est le moment du colorant !

C'est à la pâte d'amandes que j'ajoute le colorant alimentaire. Cela permet de bien l'incorporer au mélange sans risquer de trop travailler les blancs (ce qui peut parfois avoir des conséquences désastreuses !).

8 Le pochage

Garnir une poche à douille et déposer 4 petits points de pâte aux 4 coins de la plaque de four, puis coller le papier sufurisé. Réaliser des petites boules de pâte calibrées et bien espacées. Attention, ça va s'étaler ! Tapoter doucement la plaque par le dessous afin de faire ressortir d'éventuelles petites bulles d'air et uniformiser vos coques. Mettre les plaques de côté durant 1 heure environ pour permettre aux coques de sécher légèrement. Enfourner 15 minutes à 145 °C. Trois plaques pour la même fournée permettent une cuisson plus régulière.

9
Stop !

À la sortie
du four, faire
glisser la feuille
de papier
sulfurisé sur
le plan de travail
légèrement
humidifié.
Cela permet
d'arrêter la cuisson
plus rapidement.

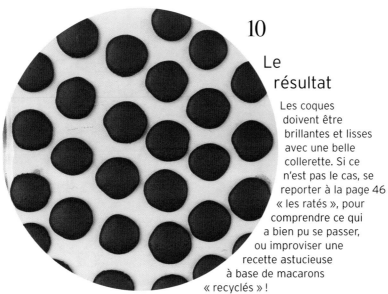

10
Le
résultat

Les coques
doivent être
brillantes et lisses
avec une belle
collerette. Si ce
n'est pas le cas, se
reporter à la page 46
« les ratés », pour
comprendre ce qui
a bien pu se passer,
ou improviser une
recette astucieuse
à base de macarons
« recyclés » !

garnitures… pour tous les goûts

La ganache chocolat

Le macaron au chocolat a toujours été et sera toujours un must indémodable de la pâtisserie. Qu'elle soit bien noire et amère, au lait ou aux pépites de chocolat, il est tout à fait indispensable de posséder une bonne recette de ganache au chocolat !

Les ganaches au chocolat blanc parfumées aux fruits

La ganache au chocolat blanc est une base idéale pour réaliser des garnitures aux fruits douces et onctueuses. Le seul sucre qu'il contient crée un excellent équilibre avec les fruits que l'on peut lui ajouter entiers comme les cassis, les myrtilles ou en coulis comme les fruits de la Passion, les fraises, les abricots, etc.

Les crèmes

Dans plusieurs recettes, j'utilise une crème mousseline dont la texture légère et mousseuse se marie parfaitement, selon moi, au croquant des macarons. Et puis la crème au beurre, c'est démodé ! C'est bon pour la bûche.

Osez la facilité : le lemon curd, la confiture de lait, le Nutella ou autre crème de marrons, sont autant de garnitures que vous trouverez toutes prêtes dans le commerce !

Les marmelades et confitures de fruits

Pour des macarons 100 % fruit !

Chaque recette de garniture donnée au fil des pages de ce livre n'est qu'une base déclinable à l'envie pour laisser libre cours à votre imagination et créer à votre tour des macarons tous plus gourmands les uns que les autres !

de la pâte aux macarons

Les
macarons, tout le monde
aime les manger, mais une sorte
de mythe nous pousse à croire que leur
réalisation est périlleuse et réservée à un
petit nombre d'initiés. Dans ce livre, nous avons
concentré tous nos efforts pour vous démontrer le
contraire... Certes, un peu de matériel et quelques
tours de main sont nécessaires, ainsi qu'un peu de
patience et beaucoup de self-control (oui, je sais c'est
très énervant de voir une, deux, trois... tournées rater
inexorablement). Mais, sachez-le, on ne rate pas plus
facilement des macarons qu'une pâte à choux ou un
feuilletage maison... Tenons-nous-le pour dit !
Enfin, l'essentiel reste, le plaisir que l'on prend
à faire les choses... Alors laissez-vous
guider par vos inspirations.
Amusez-vous !

Voilà ! Plus d'excuses, maintenant on s'y met...

macarons de Nancy et amaretti

macarons de Nancy

PRÉPARATION : 15 MINUTES
+ 30 MINUTES DE SÉCHAGE
CUISSON : 15 MINUTES
POUR 45 PIÈCES ENVIRON

250 g de poudre d'amandes
320 g de sucre glace
4 blancs d'œufs
3 gouttes d'extrait de vanille

1 Mixer la poudre d'amandes et le sucre glace, ajouter l'extrait de vanille, puis incorporer à cette poudre les blancs d'œufs grossièrement battus jusqu'à l'obtention d'une pâte dense et homogène.

2 Chemiser une plaque à pâtisserie de papier sulfurisé. Garnir une poche à douille de 8 mm de cette pâte à macarons, puis réaliser des petits disques réguliers d'environ 2 cm de diamètre, espacés d'environ 5 cm. Tapoter légèrement le dessous de la plaque et laisser sécher à température ambiante pendant 30 minutes.

3 Préchauffer le four à 180 °C.

4 Enfourner en baissant tout de suite la température à 150 °C, et cuire 15 minutes. Les coques doivent être joliment dorées.

5 Déposer délicatement la feuille de papier sulfurisé sur un plan de travail humide pour arrêter la cuisson puis décoller les macarons à l'aide d'une spatule métallique.

Note Les macarons de Nancy se conservent dans une boîte hermétiquement fermée entre 8 et 10 jours.

amaretti

PRÉPARATION : 15 MINUTES
CUISSON : 12 MINUTES
POUR 35 PIÈCES ENVIRON

200 g de poudre d'amandes
150 g de sucre glace
1 blanc d'œuf
1 c. à c. d'extrait d'amande amère
1 c. à s. d'amaretto

1 Mixer ensemble la poudre d'amandes et le sucre glace, puis incorporer à cette poudre le blanc d'œuf, l'extrait d'amande et l'amaretto. Mélanger vigoureusement afin d'obtenir une pâte homogène.

2 Préchauffer le four à 180 °C.

3 Façonner des petites boules de pâte de la taille d'une noix et les disposer sur une plaque à pâtisserie recouverte de papier sulfurisé en les espaçant de 5 cm environ.

4 Pincer légèrement le haut de chaque boule pour former de petites pointes et enfourner aussitôt. Cuire 12 minutes et saupoudrer de sucre glace dès la sortie du four.

macarons au chocolat

PRÉPARATION : 40 MINUTES
+ 1 HEURE DE SÉCHAGE
CUISSON : 13 MINUTES
POUR ENVIRON 50 MACARONS
DE 3 CM DE DIAMÈTRE

180 g de poudre d'amandes
200 g de sucre glace
2 x 80 g de blancs d'œufs
30 g de cacao en poudre
200 g de sucre en poudre
8 cl d'eau
du colorant marron

GANACHE
250 g de chocolat noir
20 cl de crème liquide
70 g de beurre
3 gouttes d'extrait de café

1 La veille, réaliser la ganache chocolat : casser le chocolat en morceaux dans un saladier. Porter la crème à ébullition, la verser sur le chocolat et mélanger jusqu'à ce qu'il ait fondu complètement. Ajouter le beurre coupé en petits morceaux, l'extrait de café et faire fondre en remuant. Laisser refroidir à température ambiante, puis réserver au réfrigérateur.

2 Mixer, puis tamiser soigneusement le « tant pour tant » et le cacao. Réserver.

3 Dans une casserole, porter l'eau et le sucre en poudre à ébullition. Sans remuer, veiller à ce que la température du sirop ainsi formé ne dépasse pas 110 °C.

4 Monter doucement 80 g de blancs en neige, puis augmenter la vitesse du batteur lorsque la température du sirop dépasse 100 °C. Arrêter la cuisson du sucre à 110 °C et le verser en un fin filet sur les blancs en neige. Continuer de battre la meringue jusqu'à ce qu'elle ait quasiment refroidi. Puis la diviser en trois.

5 Mélanger le « tant pour tant » au cacao et les 80 g de blancs d'œufs non battus afin d'obtenir une pâte d'amandes homogène.

6 Séparer dans trois saladiers distincts et colorer plus ou moins pour obtenir un camaïeu de marron.

7 À l'aide d'une spatule souple, incorporer une petite quantité de chaque tiers de meringue aux trois pâtes d'amandes afin de les détendre un peu, puis ajouter le reste de meringue en macaronnant soigneusement.

8 Garnir 3 poches à douille de 8 mm. Coller le papier sulfurisé à la plaque à pâtisserie en déposant des points de pâte aux quatre coins. Réaliser des petites boules régulières et bien espacées. Tapoter légèrement le dessous des plaques et laisser sécher à température ambiante pendant une petite heure. Saupoudrer de cacao en poudre certaines coques.

9 Préchauffer le four à 145 °C.

10 Enfourner pour 13 minutes. À la sortie du four, faire glisser le papier sulfurisé sur le plan de travail humidifié, les coques se décolleront plus aisément. Monter les macarons en les garnissant de ganache à l'aide d'une poche à douille.

macarons au miel

PRÉPARATION : 40 MINUTES
+ 1 HEURE DE SÉCHAGE
CUISSON : 13 MINUTES
POUR ENVIRON 50 MACARONS
DE 3 CM DE DIAMÈTRE

200 g de poudre d'amandes
200 g de sucre glace
2 x 80 g de blancs d'œufs
140 g de sucre en poudre
60 g de miel
8 cl d'eau
du colorant caramel
de la poudre irisée cuivre ou bronze

CRÈME AU MIEL
250 g de mascarpone
50 g de pollen de fleurs
(au rayon miel)
60 g de miel
2 jaunes d'œufs

1 Mixer, puis tamiser soigneusement le « tant pour tant » et le mettre de côté.

2 Dans une casserole, porter l'eau, le sucre en poudre et le miel à ébullition. Sans remuer, veiller à ce que la température du sirop ne dépasse pas 110 °C.

3 Monter doucement 80 g de blancs en neige, puis augmenter la vitesse du batteur lorsque la température du sirop dépasse 100 °C. Arrêter la cuisson du sucre à 110 °C et le verser en un fin filet sur les blancs en neige. Continuer de battre la meringue jusqu'à ce qu'elle ait quasiment refroidi.

4 Mélanger le « tant pour tant » et les 80 g de blancs d'œufs non battus restants afin d'obtenir une pâte d'amandes homogène. Ajouter un peu de colorant caramel.

5 À l'aide d'une spatule souple, incorporer environ un tiers de la meringue à la pâte d'amandes afin de la détendre un peu, puis ajouter le reste de meringue en macaronnant soigneusement.

6 Garnir une poche à douille de 8 mm. Coller le papier sulfurisé à la plaque à pâtisserie en déposant des points de pâte aux quatre coins. Réaliser des petites boules régulières et bien espacées. Tapoter légèrement le dessous des plaques et laisser sécher à température ambiante pendant une petite heure.

7 Préchauffer le four à 145 °C.

8 Enfourner pendant 13 minutes. À la sortie du four, faire glisser délicatement le papier sulfurisé sur le plan de travail humidifié, les coques se décolleront plus aisément. Au doigt ou au pinceau, nacrer les coques avec de la poudre irisée.

9 Préparer la crème : dans un saladier, fouetter légèrement les jaunes d'œufs et le miel, puis ajouter le mascarpone et battre à nouveau. Mélanger plus délicatement le pollen de fleurs.

10 Monter les macarons en les garnissant de crème au miel à l'aide d'une poche à douille.

macarons cassis chocolat blanc

PRÉPARATION : 40 MINUTES
+ 1 HEURE DE REPOS
CUISSON : 13 MINUTES
POUR ENVIRON 50 MACARONS
DE 3 CM DE DIAMÈTRE

200 g de poudre d'amandes
200 g de sucre glace
2 x 80 g de blancs d'œufs
200 g de sucre en poudre
8 cl d'eau
du colorant violet et rose framboise

GANACHE
350 g de chocolat blanc
20 cl de crème liquide
50 g de beurre
125 g de cassis frais ou surgelé

1 La veille, réaliser la ganache chocolat blanc au cassis : casser le chocolat en morceaux dans un saladier. Porter la crème à ébullition, la verser sur le chocolat et mélanger jusqu'à ce qu'il ait fondu complètement. Ajouter le beurre coupé en petits morceaux et laisser fondre en remuant. Laisser refroidir à température ambiante. Incorporer les fruits à la ganache. Réserver au réfrigérateur.

2 Mixer, puis tamiser soigneusement le « tant pour tant » et le mettre de côté.

3 Dans une casserole, porter l'eau et le sucre à ébullition. Sans remuer, veiller à ce que la température du sirop ne dépasse pas 110 °C.

4 Monter doucement 80 g de blancs en neige, puis augmenter la vitesse du batteur lorsque la température du sirop dépasse 100 °C. Arrêter la cuisson du sucre à 110 °C et le verser en un fin filet sur les blancs en neige. Continuer de battre la meringue jusqu'à ce qu'elle ait quasiment refroidi.

5 Mélanger le « tant pour tant » et les 80 g de blancs d'œufs non battus afin d'obtenir une pâte d'amandes homogène. Ajouter le colorant violet rehaussé d'une pointe de rose framboise.

6 À l'aide d'une spatule souple, incorporer environ un tiers de la meringue à la pâte d'amandes afin de la détendre un peu, puis ajouter le reste de meringue en macaronnant soigneusement.

7 Garnir une poche à douille de 8 mm. Coller le papier sulfurisé à la plaque à pâtisserie en déposant des points de pâte aux quatre coins. Réaliser des petites boules régulières et bien espacées. Tapoter légèrement le dessous des plaques et laisser sécher à température ambiante pendant une petite heure.

8 Préchauffer le four à 145 °C.

9 Enfourner pendant 13 minutes. À la sortie du four, faire glisser délicatement le papier sulfurisé sur le plan de travail humidifié, les coques se décolleront plus aisément. Monter les macarons en les garnissant de ganache à l'aide d'une poche à douille.

macarons pommes cannelle, poires gingembre et coco passion

PRÉPARATION : 40 MINUTES
+ 1 HEURE DE SÉCHAGE
CUISSON : 13 MINUTES
POUR UNE QUINZAINE DE CHAQUE

MACARONS POMMES CANNELLE
3 pommes
1/2 c. à c. de cannelle
75 g de sucre en poudre
15 g de pectine en poudre
du colorant vert jade
du colorant jaune citron

MACARONS COCO PASSION
100 g de noix de coco râpée
2 fruits de la Passion
1 ananas
75 g de sucre en poudre
15 g de pectine en poudre
du colorant blanc (dioxyde de titane)

MACARONS POIRES GINGEMBRE
3 poires
20 g de gingembre frais
75 g de sucre en poudre
15 g de pectine en poudre
du colorant blanc (dioxyde de titane)
de la poudre givrée (après cuisson)

1 Utiliser la recette de base (pages 8-11) en divisant la pâte d'amandes en trois. Colorer selon les recettes.

2 Pour les macarons coco passion, saupoudrer de coco en poudre juste avant la cuisson.

3 Pour les macarons poires gingembre, nacrer les coques de poudre après cuisson délicatement à l'aide du doigt.

4 Éplucher les fruits et le gingembre, les tailler en tout petits dés. Égrainer les fruits de la Passion.

5 Pour chaque recette, cuire les fruits dans le sucre fondu et laisser compoter légèrement.

6 Ajouter le gélifiant, bien mélanger et réserver au réfrigérateur.

7 Monter les macarons en les garnissant des fruits à l'aide d'une petite cuillère juste avant de les servir.

macarons sésame et tahiné

PRÉPARATION : 40 MINUTES
+ 1 HEURE DE SÉCHAGE
CUISSON : 13 MINUTES
POUR ENVIRON 50 MACARONS
DE 3 CM DE DIAMÈTRE

200 g de poudre d'amandes
200 g de sucre glace
2 x 80 g de blancs d'œufs
200 g de sucre en poudre
8 cl d'eau

1 pot de tahiné (dans les épiceries bio)
des graines de sésame dorées
2 c. à s. de fromage blanc
1 c. à s. rase de colorant blanc
(dioxyde de titane)
de la poudre irisée ivoire

1 Mixer, puis tamiser soigneusement le « tant pour tant » et le mettre de côté.

2 Dans une casserole, porter l'eau et le sucre à ébullition. Sans remuer, veiller à ce que la température du sirop ne dépasse pas 110 °C.

3 Monter doucement 80 g de blancs en neige, puis augmenter la vitesse du batteur lorsque la température du sirop dépasse 100 °C. Arrêter la cuisson du sucre à 110 °C et le verser en un fin filet sur les blancs en neige. Continuer de battre la meringue jusqu'à ce qu'elle ait quasiment refroidi.

4 Mélanger le « tant pour tant » et les 80 g de blancs d'œufs non battus afin d'obtenir une pâte d'amandes homogène. Ajouter le colorant blanc.

5 À l'aide d'une spatule souple, incorporer environ un tiers de la meringue à la pâte d'amandes afin de la détendre un peu, puis ajouter le reste de meringue en macaronnant soigneusement.

6 Garnir une poche à douille de 8 mm. Coller le papier sulfurisé à la plaque à pâtisserie en déposant des points de pâte aux quatre coins. Réaliser des petites boules régulières et bien espacées. Tapoter légèrement le dessous des plaques et laisser sécher à température ambiante pendant une petite heure.

7 Préchauffer le four à 145 °C.

8 Enfourner pendant 13 minutes. À la sortie du four, faire glisser délicatement le papier sulfurisé sur le plan de travail humidifié, les coques se décolleront plus aisément.

9 Fouetter légèrement le tahiné avec un peu de fromage blanc pour le détendre et le rendre plus onctueux.

10 Au doigt ou au pinceau, nacrer un tiers des coques avec la poudre ivoire. Garnir les coques de la crème au tahiné, puis rouler les macarons dans les graines de sésame.

macarons Saint-Jacques vanille

PRÉPARATION : 40 MINUTES
+ 1 HEURE DE SÉCHAGE
CUISSON : 13 MINUTES
POUR ENVIRON 50 MACARONS
DE 3 CM DE DIAMÈTRE

200 g de poudre d'amandes
200 g de sucre glace
2 x 80 g de blancs d'œufs
200 g de sucre en poudre
8 cl d'eau
de la poudre irisée or

12 à 15 noix de Saint-Jacques
1 belle gousse de vanille
10 cl d'huile d'olive
sel

1 Mixer, puis tamiser soigneusement le « tant pour tant » et le mettre de côté.

2 Dans une casserole, porter l'eau et le sucre en poudre à ébullition. Sans remuer, veiller à ce que la température du sirop ne dépasse pas 110 °C.

3 Monter doucement 80 g de blancs en neige, puis augmenter la vitesse du batteur lorsque la température du sirop dépasse 100 °C. Arrêter la cuisson du sucre à 110 °C et le verser en un fin filet sur les blancs en neige. Continuer de battre la meringue jusqu'à ce qu'elle ait quasiment refroidi.

4 Mélanger le « tant pour tant » et les 80 g de blancs d'œufs non battus restants afin d'obtenir une pâte d'amandes homogène.

5 À l'aide d'une spatule souple, incorporer environ un tiers de la meringue à la pâte d'amandes afin de la détendre un peu, puis ajouter le reste de meringue en macaronnant soigneusement.

6 Garnir une poche à douille de 8 mm. Coller le papier sulfurisé à la plaque à pâtisserie en déposant des points de pâte aux quatre coins. Réaliser des petites boules régulières et bien espacées. Tapoter légèrement le dessous des plaques et laisser sécher à température ambiante pendant une petite heure.

7 Préchauffer le four à 145 °C.

8 Enfourner pendant 13 minutes. À la sortie du four, faire glisser délicatement le papier sulfurisé sur le plan de travail humidifié, les coques se décolleront plus aisément.

9 Fendre et gratter la gousse de vanille dans un peu d'huile d'olive.

10 Escaloper les noix de Saint-Jacques en tranches d'environ 5 mm avant de les disposer soigneusement sur un plat. Arroser d'huile à la vanille et saler légèrement.

11 Pour le montage des macarons, nacrer, au doigt ou au pinceau, la moitié des coques de poudre dorée et garnir de 1 tranche de Saint-Jacques bien égouttée.

macarons foie gras figues spéculos

PRÉPARATION : 40 MINUTES
+ 1 HEURE DE SÉCHAGE
CUISSON : 13 MINUTES
POUR ENVIRON 50 MACARONS
DE 3 CM DE DIAMÈTRE

200 g de poudre d'amandes
200 g de sucre glace
2 x 80 g de blancs d'œufs
200 g de sucre en poudre
8 cl d'eau
du colorant noir

1 lobe de foie gras mi-cuit
1 paquet de spéculos
1 pot de confiture de figues

1 Mixer, puis tamiser soigneusement le « tant pour tant » et le mettre de côté.

2 Dans une casserole, porter l'eau et le sucre en poudre à ébullition. Sans remuer, veiller à ce que la température du sirop ainsi formé ne dépasse pas 110 °C.

3 Monter doucement 80 g de blancs en neige, puis augmenter la vitesse du batteur lorsque la température du sirop dépasse 100 °C. Arrêter la cuisson du sucre à 110 °C et le verser en un fin filet sur les blancs en neige. Continuer de battre la meringue jusqu'à ce qu'elle ait quasiment refroidi.

4 Pendant ce temps, mélanger le « tant pour tant » et les 80 g de blancs d'œufs non battus afin d'obtenir une pâte d'amandes homogène. Colorer le mélange en noir.

5 À l'aide d'une spatule souple, incorporer environ un tiers de la meringue à la pâte d'amandes afin de la détendre un peu, puis ajouter le reste de meringue en macaronnant soigneusement.

6 Garnir une poche à douille de 8 mm. Coller le papier sulfurisé à la plaque à pâtisserie en déposant des points de pâte aux quatre coins.

Réaliser des petites boules régulières et bien espacées. Tapoter légèrement le dessous des plaques et laisser sécher à température ambiante pendant une petite heure.

7 Préchauffer le four à 145 °C.

8 Enfourner pendant 13 minutes. À la sortie du four, faire glisser délicatement le papier sulfurisé sur le plan de travail humidifié, les coques se décolleront plus aisément.

9 Pour le montage des macarons, déposer une noisette de confiture de figues sur la moitié des coques. À l'aide d'un emporte-pièce, tailler des disques de foie gras du diamètre des coques et d'environ 0,8 cm d'épaisseur. Coller les disques de foie gras sur la confiture et terminer avec les coques restantes.

10 Mixer les spéculos au robot afin d'obtenir une poudre fine.

11 Rouler les macarons dans la poudre de spéculos de manière à réaliser une jolie couronne dorée.

macarons saumon fumé et fromage frais

PRÉPARATION : 40 MINUTES
+ 1 HEURE DE SÉCHAGE
CUISSON : 13 MINUTES
POUR ENVIRON 50 MACARONS
DE 3 CM DE DIAMÈTRE

200 g de poudre d'amandes
200 g de sucre glace
2 x 80 g de blancs d'œufs
200 g de sucre en poudre
8 cl d'eau
du colorant noir
des graines de pavot

500 g de saumon fumé
250 g de carrés frais
5 cl de crème liquide
poivre du moulin

1 Mixer, puis tamiser soigneusement le « tant pour tant » et le mettre de côté.

2 Dans une casserole, porter l'eau et le sucre en poudre à ébullition. Sans remuer, veiller à ce que la température du sirop ne dépasse pas 110 °C.

3 Monter doucement 80 g de blancs en neige, puis augmenter la vitesse du batteur lorsque la température du sirop dépasse 100 °C. Arrêter la cuisson du sucre à 110 °C et le verser en un fin filet sur les blancs en neige. Continuer de battre la meringue jusqu'à ce qu'elle ait quasiment refroidi.

4 Mélanger le « tant pour tant » et les 80 g de blancs d'œufs non battus restants afin d'obtenir une pâte d'amandes homogène. Ajouter une pointe de colorant noir.

5 À l'aide d'une spatule souple, incorporer environ un tiers de la meringue à la pâte d'amandes afin de la détendre un peu, puis ajouter le reste de meringue en macaronnant soigneusement.

6 Garnir une poche à douille de 8 mm. Coller le papier sulfurisé à la plaque à pâtisserie en déposant des points de pâte aux quatre coins. Réaliser des petites boules régulières et bien espacées. Tapoter légèrement le dessous des plaques et laisser sécher à température ambiante pendant une petite heure.

7 Préchauffer le four à 145 °C.

8 Parsemer la moitié des coques de pavot et enfourner pendant 13 minutes. À la sortie du four, faire glisser délicatement le papier sulfurisé sur le plan de travail humidifié, les coques se décolleront plus aisément.

9 Dans un saladier, détendre les carrés frais dans la crème liquide à l'aide d'une cuillère. Poivrer selon votre goût. Tailler des petites tranches régulières de saumon fumé.

10 Garnir la moitié des coques de fromage frais à l'aide d'une poche à douille, d'une tranche de saumon et terminer les macarons avec les coques au pavot.

macarons réglisse violettes

PRÉPARATION : 40 MINUTES
+ 1 HEURE DE SÉCHAGE
CUISSON : 13 MINUTES
POUR ENVIRON 50 MACARONS
DE 3 CM DE DIAMÈTRE

du colorant violet

CRÈME RÉGLISSE VIOLETTES
250 g de mascarpone
50 g de violettes cristallisées
30 g de confiserie à la réglisse
30 g de sucre
2 jaunes d'œufs
quelques gouttes d'arôme de violette

1   Utiliser la recette de base (voir pages 8-11) en séparant la pâte d'amandes dans trois saladiers distincts et colorer plus ou moins pour obtenir des dégradés de violet. Répartir la meringue dans les trois saladiers et macaronner soigneusement. Garnir trois poches à douille.

2   Coller le papier sulfurisé à la plaque à pâtisserie en déposant des points de pâte aux quatre coins. Réaliser des petites boules régulières et bien espacées. Tapoter légèrement le dessous des plaques. Laisser sécher à température ambiante pendant une petite heure.

3   Préchauffer le four à 145 °C. Déposer délicatement sur un tiers des coques des brisures de violettes et cuire pendant 13 minutes.

4   Réaliser la crème à la réglisse et à la violette : dans un saladier, fouetter légèrement les jaunes d'œufs et le sucre, puis ajouter le mascarpone et l'arôme de violette et battre à nouveau. Incorporer quelques brisures de violettes cristallisées et des petits morceaux de réglisse.

5   Monter les macarons en les garnissant de crème réglisse violettes à l'aide d'une poche à douille.

macarons anis vert framboises

PRÉPARATION : 40 MINUTES
+ 1 HEURE DE SÉCHAGE
CUISSON : 13 MINUTES
POUR ENVIRON 50 MACARONS
DE 3 CM DE DIAMÈTRE

du colorant vert prairie
du colorant rose framboise

CRÈME À L'ANIS VERT
25 cl lait
3 jaunes d'œufs
60 g de sucre
15 g de farine
40 g de beurre
3 c. à c. de graines d'anis vert
1 trait de pastis

MARMELADE DE FRAMBOISES
300 g de framboises
80 g de sucre en poudre
5 cl d'eau
25 g de pectine

1 Utiliser la recette de base (voir pages 8-11) en séparant la pâte d'amandes en deux. Colorer une moitié légèrement en vert et l'autre moitié généreusement en rose.

2 Coller le papier sulfurisé à la plaque à pâtisserie en déposant des points de pâte aux quatre coins. Réaliser des petites boules régulières et bien espacées. Tapoter légèrement le dessous des plaques. Laisser sécher à température ambiante pendant une petite heure.

3 Préchauffer le four à 145 °C. Parsemer les coques vertes de quelques graines d'anis et enfourner pour 13 minutes.

4 Pour la crème à l'anis, faire chauffer le lait à feu doux avec 2 cuillerées à café de graines d'anis.

5 Dans un saladier, battre les jaunes d'œufs et le sucre, puis ajouter la farine et battre à nouveau. À l'aide d'une passoire fine, filtrer le lait anisé sur le mélange et remettre l'ensemble

à feu doux jusqu'à épaississement en remuant sans cesse pendant 2 minutes environ, puis incorporer le beurre en petits morceaux. Ajouter le trait de pastis, selon votre goût, et réserver la crème dans une boîte hermétique au réfrigérateur.

6 Pour la marmelade, dissoudre le sucre dans l'eau sur feu doux, puis ajouter les framboises et laisser cuire 2 à 3 minutes à peine. Ajouter le gélifiant, bien mélanger et réserver au réfrigérateur.

7 Pour le montage des macarons, garnir les coques anis avec la marmelade de framboises et les coques framboises avec la crème à l'anis.

macarons citron bergamote

PRÉPARATION : 40 MINUTES
+ 1 HEURE DE SÉCHAGE
CUISSON : 13 MINUTES
POUR ENVIRON 50 MACARONS
DE 3 CM DE DIAMÈTRE

200 g de poudre d'amandes
200 g de sucre glace
2 x 80 g de blancs d'œufs
200 g de sucre en poudre
8 cl d'eau
du colorant vert feuille

CRÈME CITRON BERGAMOTE

15 cl de jus de citron
6 jaunes d'œufs
3 œufs
75 g de sucre en poudre
100 g de beurre
125 g de chocolat blanc
quelques gouttes d'essence
de bergamote

1 La veille, réaliser la crème au citron. Faire chauffer le jus de citron à feu doux.

2 Dans un saladier, battre les œufs entiers avec les jaunes et le sucre. Verser le jus de citron bien chaud sur le mélange et remettre l'ensemble à feu doux jusqu'à épaississement, en remuant sans cesse pendant 3 à 4 minutes environ. Incorporer enfin le beurre et le chocolat blanc en petits morceaux. Ajouter 3 gouttes d'essence de bergamote. Réserver la crème dans une boîte hermétique au réfrigérateur.

3 Mixer, puis tamiser soigneusement le « tant pour tant » et le mettre de côté.

4 Dans une casserole, porter l'eau et le sucre en poudre à ébullition. Sans remuer, veiller à ce que la température du sirop ne dépasse pas 110 °C.

5 Monter doucement 80 g de blancs d'œufs en neige, puis augmenter la vitesse du batteur lorsque la température du sirop dépasse 100 °C. Arrêter la cuisson du sucre à 110 °C et le verser en un fin filet sur les blancs en neige. Continuer de battre la meringue jusqu'à ce qu'elle ait quasiment refroidi.

6 Pendant ce temps, mélanger le « tant pour tant » et les 80 g de blancs d'œufs non battus afin d'obtenir une pâte d'amande homogène. Ajouter le colorant vert feuille.

7 À l'aide d'une spatule souple, incorporer environ un tiers de la meringue à la pâte d'amandes afin de la détendre un peu, puis ajouter le reste de meringue en macaronnant soigneusement.

8 Garnir une poche à douille de 8 mm. Coller le papier sulfurisé à la plaque à pâtisserie en déposant des points de pâte aux quatre coins. Réaliser des petites boules régulières et bien espacées. Tapoter légèrement le dessous des plaques et laisser sécher à température ambiante pendant une petite heure. Décorer, si vous le souhaitez, des boules de mimosas ou autres fantaisies.

9 Préchauffer le four à 145 °C.

10 Enfourner pendant 13 minutes. À la sortie du four, faire glisser délicatement le papier sulfurisé sur le plan de travail humidifié, les coques se décolleront plus aisément. Monter les macarons en les garnissant de crème au citron à l'aide d'une poche à douille.

macarons ananas safran

PRÉPARATION : 40 MINUTES
+ 1 HEURE DE SÉCHAGE
CUISSON : 15 MINUTES
POUR ENVIRON 20 MACARONS
DE 8 CM DE DIAMÈTRE
MATÉRIEL NÉCESSAIRE :
1 BROSSE À DENT

2 beaux ananas
10 cl d'eau
300 g de sucre en poudre
30 g de pectine en poudre
du safran en poudre
du colorant jaune d'œuf
du colorant rouge liquide

1 Utiliser la recette de base (voir pages 8-11) en colorant la pâte en jaune et en la parfumant d'un peu de safran en poudre. Laisser sécher à température ambiante pendant une petite heure et pulvériser les macarons en frottant les poils de la brosse avec le pouce. Enfourner et cuire 15 minutes.

2 Éplucher et tailler les ananas en tout petits dés.

3 Dissoudre le sucre avec un peu d'eau sur feu doux, puis ajouter les dés d'ananas, le safran et laisser compoter 7 à 8 minutes. Ajouter le gélifiant, bien mélanger et réserver au réfrigérateur.

4 Monter les macarons en les garnissant d'ananas à l'aide d'une cuillère juste avant de les servir.

macarons de Camille aux myrtilles

PRÉPARATION : 40 MINUTES
+ 1 HEURE DE SÉCHAGE
CUISSON : 15 MINUTES
POUR ENVIRON 20 MACARONS
DE 8 CM DE DIAMÈTRE

200 g de poudre d'amandes
200 g de sucre glace
2 x 80 g de blancs d'œufs
200 g de sucre en poudre
8 cl d'eau
du colorant violet

1 pot de confiture de myrtilles
125 g de myrtilles fraîches
100 g de perles argentées
(dragées en chocolat)

1 Mixer, puis tamiser soigneusement le « tant pour tant » et le mettre de côté.

2 Dans une casserole, porter l'eau et le sucre à ébullition. Sans remuer, veiller à ce que la température du sirop ne dépasse pas 110 °C.

3 Monter doucement 80 g de blancs en neige, puis augmenter la vitesse du batteur lorsque la température du sirop dépasse 100 °C. Arrêter la cuisson du sucre à 110 °C et le verser en un fin filet sur les blancs en neige. Continuer de battre la meringue jusqu'à ce qu'elle ait quasiment refroidi.

4 Mélanger le « tant pour tant » et les 80 g de blancs d'œufs non battus afin d'obtenir une pâte d'amandes homogène. Ajouter le colorant violet.

5 À l'aide d'une spatule souple, incorporer environ un tiers de la meringue à la pâte d'amandes afin de la détendre un peu, puis ajouter le reste de meringue en macaronnant soigneusement.

6 Garnir une poche à douille de 8 mm. Coller le papier sulfurisé à la plaque à pâtisserie en déposant des points de pâte aux quatre coins. Réaliser des petites boules régulières et bien espacées. Tapoter légèrement le dessous des plaques et laisser sécher à température ambiante pendant une petite heure.

7 Préchauffer le four à 145 °C.

8 Enfourner pendant 15 minutes. À la sortie du four, faire glisser délicatement le papier sulfurisé sur le plan de travail humidifié, les coques se décolleront plus aisément. À l'aide d'une cuillère, garnir la moitié des coques de confiture de myrtilles, puis intercaler, tout autour, des myrtilles fraîches et des perles argentées avant de refermer les macarons.

macarons à la rose et sucre qui pique

RÉPARATION : 40 MINUTES
+ 1 HEURE DE SÉCHAGE
CUISSON : 13 MINUTES
POUR ENVIRON 50 MACARONS
DE 3 CM DE DIAMÈTRE

200 g de poudre d'amandes
200 g de sucre glace
2 x 80 g de blancs d'œufs
200 g de sucre en poudre
8 cl d'eau
quelques gouttes d'eau de rose
du colorant rose

1 pot de confiture de roses
du sucre qui pique (confiserie)
de la poudre irisée rose
2 blancs d'œufs

1 Mixer, puis tamiser soigneusement le « tant pour tant » et le mettre de côté.

2 Dans une casserole, porter l'eau et le sucre en poudre à ébullition. Sans remuer, veiller à ce que la température du sirop ne dépasse pas 110 °C.

3 Monter doucement 80 g de blancs en neige, puis augmenter la vitesse du batteur lorsque la température du sirop dépasse 100 °C. Arrêter la cuisson du sucre à 110 °C et le verser en un fin filet sur les blancs en neige. Continuer de battre la meringue jusqu'à ce qu'elle ait quasiment refroidi.

4 Mélanger le « tant pour tant » et les 80 g de blancs d'œufs non battus afin d'obtenir une pâte d'amandes homogène. Ajouter le colorant rose et quelques gouttes d'eau de rose.

5 À l'aide d'une spatule souple, incorporer environ un tiers de la meringue à la pâte d'amandes afin de la détendre un peu, puis ajouter le reste de meringue en macaronnant soigneusement.

6 Garnir une poche à douille de 8 mm. Coller le papier sulfurisé à la plaque à pâtisserie en déposant des points de pâte aux quatre coins. Réaliser des petites boules régulières et bien espacées. Tapoter légèrement le dessous des plaques et laisser sécher à température ambiante pendant une petite heure.

7 Préchauffer le four à 145 °C.

8 Enfourner pendant 13 minutes. À la sortie du four, faire glisser délicatement le papier sulfurisé sur le plan de travail humidifié, les coques se décolleront plus aisément. Nacrer un tiers des coques avec la poudre rose et badigeonner un tiers, à l'aide d'un pinceau, de blanc d'œuf pour coller le sucre qui pique.

9 Monter les macarons en les garnissant de confiture à l'aide d'une cuillère.

ratés mais pas perdus !

Une rubrique essentielle, me semble-t-il, lorsqu'on sait quel mystère entoure la réalisation des macarons ! La plupart des « ratages » s'expliquent tout de même...

Attention aux couleurs pâles !

Les macarons de couleurs claires, rose, blancs, etc. ont tendance à brunir à la cuisson. N'hésitez donc pas à baisser un tout petit peu la température du four et augmenter de quelques minutes le temps de cuisson pour ne pas altérer les couleurs.

1. Les coques sont plates et n'ont pas leurs jolies collerettes

La pâte a été trop macaronnée (voir page 10), ce qui a dû « casser » les blancs d'œufs en neige et a rendu l'appareil trop liquide.

2. Les coques ne sont pas lisses

Le « tant pour tant » n'a pas été assez finement mixé ou tamisé.

3. Les coques ne sont pas rondes

Le « pochage » était mal assuré, le geste doit être précis, la poche à douille tenue perpendiculairement à la plaque et la pâte doit être coupée d'un petit coup sec.

4. Les coques sont craquelées... trois explications possibles

1 La température du four était trop élevée.

2 La pâte n'a pas été assez macaronnée (voir page 10).

3 Les coques ont été enfournées trop rapidement, elles n'ont pas eu le temps de sécher.

Et là, de deux choses l'une :

1 Vous êtes vraiment très têtu(e) et vous recommencez jusqu'à ce que le résultat soit parfait.

2 Vous vous laissez inspirer par les pages qui suivent et réalisez un trifle aux macarons en miettes (page 56), des sucettes aux macarons loupés (page 48) ou encore une magnifique charlotte aux macarons pas ronds (page 60) !

Une astuce quand même s'ils ne sont qu'à moitié ratés : utilisez les plus réussis pour le dessus et gardez les craquelés ou les moins ronds pour le dessous. Les gourmands n'y verront que du feu !

sucettes aux macarons

PRÉPARATION : 20 MINUTES ENVIRON
RÉFRIGÉRATION : 15 MINUTES

des coques de macarons
des bâtons de sucettes
de la ganache au chocolat
du sucre
du glucose
du colorant
du chocolat noir
du chocolat blanc
des vermicelles au chocolat
des sucres colorés

1 Étaler la moitié des coques sur une plaque à pâtisserie.

2 Les garnir, à l'aide d'une poche à douille, d'une noisette de ganache au chocolat (voir recette macarons au chocolat page 18), puis disposer les bâtons de sucettes en enfonçant légèrement dans la ganache. Enfin, recouvrir avec les coques restantes et presser légèrement pour solidifier les sucettes. Mettre au réfrigérateur.

3 Faire fondre les chocolats au bain-marie dans deux saladiers distincts.

4 Pendant ce temps, réaliser un sucre cuit à 120 ºC coloré ou non (voir recette saint-honoré page 60).

5 Vous n'avez plus qu'à tremper un tiers des sucettes dans le sucre cuit, puis le reste dans les chocolats fondus.

6 Disposer les sucettes sur un papier sulfurisé et les saupoudrer, selon votre envie, de vermicelles au chocolat, de sucres colorés ou encore d'éclats de fleurs cristallisées.

7 Mettre les sucettes 15 minutes environ au réfrigérateur pour faire durcir les chocolats.

« terrine » délice du Café Noir

PRÉPARATION : 50 MINUTES
+ 30 MINUTES DE SÉCHAGE
CUISSON : 15 MINUTES
RÉFRIGÉRATION : 1 H 30
POUR 6 OU 8 PERSONNES

de la pâte à macarons
(voir la recette de base pages 8-11)

MOUSSE AU CHOCOLAT BLANC

150 g de chocolat blanc
12,5 cl de crème liquide
1 feuille de gélatine
12,5 g de crème liquide
pour la chantilly

GLAÇAGE NOIR

25 cl de crème liquide
30 cl d'eau
450 g de sucre en poudre
170 g de cacao poudre
10 feuilles de gélatine

MOUSSE CHOCOLAT CARAMEL

50 g de sucre en poudre
10 cl de crème liquide
3 jaunes d'œufs
120 g de chocolat noir
25 cl de crème liquide montée
en chantilly

1 Coller un papier sulfurisé sur une plaque à pâtisserie en déposant des points de pâte à macarons aux quatre coins. Réaliser une dizaine de bandes de pâte sur la plaque (de la longueur de la terrine). Laisser sécher à température ambiante pendant 30 minutes.

2 Préchauffer le four à 145 °C.

3 Enfourner pendant 15 minutes. À la sortie du four, faire glisser délicatement le papier sulfurisé sur le plan de travail humidifié. Décoller les bandes de macarons du papier en prenant soin de ne pas les briser. Réserver.

4 Pour la mousse au chocolat blanc, ramollir la feuille de gélatine dans de l'eau froide, porter la crème liquide à ébullition, puis ajouter la gélatine et verser sur le chocolat blanc, mélanger. Monter la crème restante en chantilly et incorporer délicatement à la crème au chocolat blanc refroidie.

5 Recouvrir le fond de la terrine avec une couche de longs macarons, puis verser la mousse chocolat blanc au tiers de la hauteur. Mettre la terrine au réfrigérateur et garder le reste de la mousse à température ambiante.

6 Pour le glaçage, mettre l'eau et le sucre à chauffer, puis ajouter le cacao en poudre, dissoudre l'ensemble à feu doux. Ramollir la gélatine dans de l'eau froide. Dans une autre casserole, porter la crème à ébullition, ajouter la gélatine, mélanger, puis verser sur le sirop au cacao. Laisser refroidir.

7 Pour la mousse chocolat caramel, mettre le sucre en poudre dans une petite casserole à feu doux, sans eau, afin d'obtenir un caramel puis ajouter la crème liquide, remettre à feu doux pour dissoudre l'ensemble.

8 Verser la crème au caramel sur le chocolat en morceau dans un saladier, bien mélanger pour le faire fondre et ajouter les jaunes d'œufs. Monter la crème liquide en chantilly et incorporer délicatement avec le chocolat caramel.

9 S'assurer que la mousse au chocolat blanc soit bien prise et disposer une couche de macarons. Arroser légèrement de glaçage tiédi (mais pas trop chaud !).

10 Recouvrir avec la mousse chocolat caramel. Terminer avec le reste de mousse au chocolat blanc. Mettre la terrine au réfrigérateur.

11 Au moment de servir, recouvrir la terrine avec les macarons restants et saupoudrer de cacao.

paris-brest

PRÉPARATION : 20 MINUTES
+ 30 MINUTES DE SÉCHAGE
CUISSON : 15 MINUTES
POUR 4 PERSONNES

un peu de pâte à macarons
(couleur marron clair)
40 g d'amandes effilées
20 g de sucre glace

CRÈME
125 g de crème pâtissière
(recette page 60)
40 g de beurre ramolli
20 g de praliné en pâte
ou pralin en poudre

1 Coller un papier sulfurisé sur une plaque à pâtisserie en déposant des points de pâte à macarons aux quatre coins. À l'aide d'un emporte-pièce ou d'un rond en carton de 15 cm de diamètre, dessiner 2 cercles sur le papier sulfurisé. Réaliser 2 cercles de pâte en suivant bien les traits de manière à obtenir 2 belles couronnes régulières. Laisser sécher 30 minutes à température ambiante.

2 Préchauffer le four à 145 °C.

3 Incorporer le beurre et le praliné à la crème pâtissière tiède, bien mélanger. Réserver au réfrigérateur.

4 Parsemer les couronnes d'amandes effilées et enfourner pour 15 minutes. À la sortie du four, faire glisser délicatement le papier sulfurisé sur le plan de travail humidifié.

5 Décoller les couronnes du papier et disposer la moins esthétique sur le plat de service. Remplir une poche à douille de crème bien froide et garnir généreusement la première couronne.

6 Terminer le paris-brest avec la couronne restante en appuyant légèrement et saupoudrer de sucre glace.

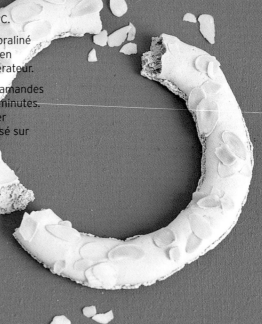

macarons poires caramel chiboust

PRÉPARATION : 40 MINUTES
POUR ENVIRON 20 MACARONS
DE 8 CM DE DIAMÈTRE

20 cercles en inox 8 cm de diamètre
ou 20 godets aluminium jetables
du même diamètre

du colorant caramel

CRÈME PÂTISSIÈRE
50 cl de lait
6 jaunes d'œufs
70 g de sucre en poudre
50 g de beurre doux
25 g de Maïzena
25 g de farine
25 g de pectine
1 gousse de vanille

MERINGUE ITALIENNE
7 blancs d'œufs
8 cl d'eau
175 g de sucre en poudre

8 belles poires
200 g de sucre en poudre
20 g de pectine

1 Utiliser la recette de base (pages 8-11) en colorant la pâte en couleur caramel. Réaliser des macarons individuels de 8 cm de diamètre. Laisser sécher 1 heure. Préchauffer le four à 145 °C. Cuire 15 minutes.

2 Réaliser la crème chiboust : faire chauffer le lait à feu doux avec la gousse de vanille fendue en deux.

3 Dans un saladier, battre les jaunes d'œufs et le sucre, puis ajouter la farine et la Maïzena et battre à nouveau. Verser le lait bien chaud sur le mélange et remettre l'ensemble sur feu doux jusqu'à épaississement en remuant sans cesse pendant 3 à 4 minutes environ. Incorporer le beurre et la pectine. Réserver la crème dans la casserole sans la laisser refroidir.

4 Dans une casserole, porter l'eau et le sucre en poudre à ébullition. Sans remuer, veiller à ce que la température du sirop ne dépasse pas 120 °C.

5 Pendant ce temps, monter les blancs en neige en les soutenant à mi-parcours avec une cuillérée de sucre. Arrêter la cuisson du sucre à 120 °C et le verser en un fin filet sur les blancs en neige. Continuer de battre la meringue 5 minutes au moins.

6 Incorporer un tiers de celle-ci à la crème pâtissière encore chaude, puis le reste plus délicatement, à l'aide d'une spatule en silicone.

7 Mouler 1 cm d'épaisseur de crème chiboust dans les cercles ou les moules et les placer au congélateur.

8 Éplucher, évider et tailler les poires en petits dés. Faire fondre le sucre à sec dans une casserole jusqu'à légère caramélisation, puis ajouter les dés de poires. Laisser compoter légèrement 5 à 6 minutes et ajouter le gélifiant. Réserver au réfrigérateur.

9 Pour le montage du macaron, étaler les coques de macarons, garnir de poires en les moulant dans les cercles ou délicatement à la cuillère, déposer les crèmes chiboust. Saupoudrer de sucre roux et caraméliser au chalumeau ou sous le grill du four.

Note La crème chiboust est une crème pâtissière légèrement gélifiée à laquelle on incorpore une meringue italienne à chaud.

trifles chocolat framboises

PRÉPARATION : 30 MINUTES
CUISSON : 15 MINUTES CUISSON
RÉFRIGÉRATION : 1 HEURE
POUR 6 À 8 TRIFLES

des macarons rose framboise

CRÈME CHOCOLAT
10 cl de lait
15 cl de crème liquide
30 g de sucre en poudre
3 jaunes d'œufs
125 g de chocolat noir

MARMELADE DE FRAMBOISES
300 g de framboises
80 g de sucre
5 cl d'eau
25 g de pectine

1 Pour la marmelade, dissoudre le sucre dans l'eau sur feu doux, puis ajouter les framboises et laisser cuire 2 à 3 minutes à peine. Ajouter le gélifiant, bien mélanger et remplir le fond des verrines. Mettre au réfrigérateur.

2 Pour la crème au chocolat, mettre le lait et la crème dans une casserole à feu moyen. Fouetter les jaunes d'œufs et le sucre dans un saladier, puis verser le lait et la crème bouillants, mélanger et remettre à feu doux comme pour une crème anglaise. Verser cette crème sur le chocolat en morceaux, bien mélanger. Laisser refroidir à température ambiante.

3 Pour monter les trifles, parsemer les framboises gélifiées de morceaux de macarons, puis couler la crème chocolat. Remettre les verrines au réfrigérateur.

4 Au moment de servir, terminer les trifles avec de jolies coques, ou des miettes de macarons façon crumble.

charlotte aux macarons… pas ronds !

PRÉPARATION : 30 MINUTES

environ 50 demi-coques de macarons
rose, blanc, violet
1 moule à charlotte ou un Tupperware
profond

MOUSSE AUX FRAMBOISES
125 g de purée ou coulis de framboises
4 feuilles de gélatine
25 cl de crème liquide
2 blancs d'œufs
75 g de sucre en poudre
125 g de framboises fraîches

1 Pour la mousse, ramollir la gélatine dans l'eau froide pendant 1 minute.

2 Chauffer à feu doux la moitié du coulis de framboises. Y dissoudre la gélatine égouttée et ajouter le reste du coulis hors du feu en mélangeant bien. Laisser refroidir à température ambiante.

3 Monter les blancs en neige, ajouter le sucre sans cesser de battre jusqu'à l'obtention d'une meringue ferme.

4 Parallèlement, monter la crème liquide en chantilly.

5 À l'aide d'une spatule en silicone, incorporer délicatement le coulis refroidi à la chantilly et, enfin, de la même manière, la meringue.

6 Monter la charlotte : tapisser le fond et les bords du moule avec les plus jolies coques de macarons en intercalant les couleurs. Répéter cette étape pour le fond de la charlotte de manière à la solidifier et à emprisonner la mousse.

7 Couler une première couche de mousse aux framboises, puis alterner coques de macarons et mousse en créant des couches successives, pour enfin terminer la base de la charlotte avec les macarons restants. Réfrigérer 2 heures au minimum.

8 Pour démouler la charlotte, tremper le moule quelques secondes dans une casserole remplie d'eau bouillante. Retourner la charlotte sur le plat de service. Décorer avec les framboises fraîches.

saint-honoré aux macarons

PRÉPARATION : 40 MINUTES
REPOS : 30 MINUTES
POUR 7 À 8 PERSONNES

1 quinzaine de macarons rouge pâle
1 rouleau de pâte feuilletée
10 cl d'eau
250 g de sucre en poudre
50 g de glucose
du colorant rouge en poudre

CRÈME PÂTISSIÈRE

50 cl lait
6 jaunes d'œufs
125 g de sucre en poudre
20 g de farine
20 g de Maïzena
1/2 gousse de vanille

CRÈME CHANTILLY

50 cl de crème liquide
50 g de sucre glace
1/2 gousse de vanille

1 La veille, réaliser la crème pâtissière. Faire chauffer le lait à feu doux avec la vanille. Dans un saladier, battre les jaunes d'œufs et le sucre, puis ajouter la farine et la Maïzena et battre à nouveau. Verser le lait bien chaud sur le mélange et remettre l'ensemble sur feu doux jusqu'à épaississement, en remuant sans cesse pendant 3 à 4 minutes. Réserver la crème dans une boîte hermétique au réfrigérateur.

2 Dérouler la pâte feuilletée bien à plat sur le plan de travail.

3 À l'aide d'un moule à gâteau ou d'un rond en carton, tailler dans la pâte un disque régulier d'environ 24 cm de diamètre. Le disposer sur une plaque à pâtisserie bien propre et non graissée et laisser reposer à l'air libre 30 minutes au moins (une cuisson immédiate déformerait le disque).

4 Préchauffer le four à 200 °C.

5 Dans une casserole, porter à ébullition l'eau, le sucre, le glucose et le colorant. Sans remuer, veiller à ce que la température du sirop ne dépasse pas 120 °C.

6 Chemiser une plaque à pâtisserie de papier sulfurisé.

7 Arrêter la cuisson du sucre à 120 °C et attendre 2 minutes.

8 Pendant ce temps, enfourner le disque de pâte feuilletée pendant 7 à 8 minutes (si le feuilleté monte trop, glisser une autre plaque par-dessus, à mi-cuisson).

9 Tremper chaque macaron dans le sucre cuit (attention de ne pas vous brûler les doigts !) et les disposer soigneusement sur une plaque.

10 Garder le sucre cuit restant et veiller à ce qu'il ne durcisse pas en le réchauffant légèrement.

11 Disposer le feuilleté cuit sur le plat de service et coller tous les macarons autour avec le sucre cuit. Laisser refroidir à l'air ambiant et sec.

12 Battre la crème pâtissière pour la rendre plus onctueuse et tapisser le fond du saint-honoré. Fendre la gousse de vanille et la gratter sur la crème liquide bien froide, ensuite la monter en chantilly. Ajouter le sucre glace. Remplir une poche à douille et garnir joliment le saint-honoré.

Note Il vaut mieux conserver le saint-honoré à température ambiante et le garnir avec les crèmes juste avant le dîner, car le sucre cuit supporte mal le réfrigérateur et l'humidité.

pièce montée des grands jours

PRÉPARATION : 30 MINUTES

1 cône en polystyrène de 30 cm
de hauteur
75 à 80 macarons garnis d'une
ganache ou d'une crème assez dense

GLACE ROYALE
500 g de sucre glace
2 blancs d'œufs environ
le jus de 1 citron

1 Préparer la glace royale : dans un saladier, mélanger les blancs d'œufs, le jus de citron et le sucre glace jusqu'à l'obtention d'une consistance épaisse mais assez souple. Pour détendre la glace royale, ajouter un peu de blanc d'œuf. Pour la raffermir, ajouter du sucre glace. Vous pouvez même colorer la glace royale, si vous le souhaitez.

2 Montage de la pièce montée : à l'aide d'une spatule métallique, étaler une fine couche uniforme de glace royale sur le cône en polystyrène. Coller les macarons en commençant par la base du cône jusqu'en haut en alternant les couleurs.

3 Attention, la glace royale colle très bien les macarons, mais une fois sèche, elle durcit comme du plâtre. Il faut donc monter la pièce peu avant votre réception.

Vous pouvez aussi coller les macarons avec du simple chocolat fondu à la place de la glace royale.

Carnet d'adresses

ARGATO (colorants et poudre)
Z. A. du Champtier de la ferme
28240 Champrond-en-Gâtine
www.argato.com

BACCARAT
www.baccarat.fr

CRISTAL ROOM BACCARAT
11, place des États-Unis, 75116 Paris
01 40 22 11 10

ETC. DESIGN
03 81 64 26 96
www.etc-creations.fr

FARROW & BALL
01 45 44 47 94
www.farrow-ball.com

HABITAT
0800 01 08 00

CONRAN SHOP
117, rue du Bac, 75007 Paris
01 42 84 10 01 www.conranshop.fr

COMING B
www.comingb.fr

GALERIE SENTOU
www.sentou.fr

GARGANTUA
1, rue de Charlemagne, 75004 Paris
01 42 78 96 47
www.gargantua.ch

BRANEX DESIGN
01 48 18 02 05
www.branexdesign.com

HOME AUTOUR DU MONDE
www.autourdumonde.com

MUJI
01 41 71 16 56
www.muji.fr

Shopping

Remerciements

Merci au musée Baccarat, ainsi qu'au restaurant le Cristal Room qui nous a ouvert ses portes.

Merci à mon ami Christophe Lebègue pour sa patience parfois éprouvée et sa bienveillance infinie.

Merci à toute l'équipe du Café Noir et à Joël Ferguth pour son entrain sans pareil et son étonnante capacité à ne dormir que quelques heures par nuit.
www.cafenoirparis.com

Merci à Akiko, Sonia et toute l'équipe de Marabout.

ISBN : 978-2-501-05585-7
Codif : 40.4490.5/05
Dépôt légal : Février 2009
Imprimé en Espagne par Graficas Estella